AF450042

PAPA FRANCISCO

CURAR O MUNDO

Catequese sobre a pandemia

Prefácio do
Cardeal PETER KODWO TURKSON

Prefácio

A ocasião

Os dias entre 21 e 26 de março de 2020 foram o período de maior sofrimento do vírus Covid-19 para a Itália. Quando no dia 27 de março o Papa Francisco, desafiando a chuva, subiu sozinho os degraus do adro da Basílica de São Pedro para presidir a um momento especial de oração para pôr fim a uma infeção que se tinha tornado uma pandemia global, recordou o *servo sofredor de Deus* na profecia de Isaías (*Is* 52, 13–53, 12), carregando o desespero, a dor e a perplexidade da humanidade, afligida e aterrorizada por um vírus do qual sabia muito pouco, e para cuja infeção não havia remédio. Expressou a ansiedade coletiva do mundo desta forma: «*A tempestade desmascara a nossa vulnerabilidade e deixa a descoberto as falsas e supérfluas seguranças com que construímos os nossos programas, os nossos projetos, os nossos hábitos e prioridades*».[1]

Em oração no adro, o Papa Francisco agiu à imagem do *sumo sacerdote* (*Hb* 5, 1), que

---

[1] Papa Francisco, *Momento Extraordinário de Oração*, 27 de março de 2020.

representava a família humana perante Deus e que não apresentava a Deus só a dor e a angústia coletiva, mas procurava de Deus cura e consolação. Deus, «o *Pai misericordioso e Deus de toda a consolação*» confortava-o na dor, para que ele próprio pudesse «*consolar aqueles que estão em qualquer tipo de aflição*» (cf. 2 *Cor* 1, 3-4). As *Catequeses* que se seguem representam o serviço do Papa Francisco à humanidade como *consolador* e *confortador*, apontando os caminhos a seguir nestes tempos de Covid-19.

Durante os pontificados do Papa Francisco e do seu predecessor, o Papa Bento XVI, o nosso mundo enfrentou, e continua a enfrentar, as tempestades causadas por três crises: a crise financeira de 2008-2009 durante o pontificado do Papa Bento XVI, e as atuais crises gémeas das alterações climáticas e da Covid-19. As crises são momentos decisivos que trazem consigo desafios, mas também oportunidades. Por conseguinte, o Papa Francisco exorta-nos a não sair de uma crise da mesma forma como entrámos nela. Exorta-nos a *"regenerar"* e a *"preparar o futuro"*! E se nos perguntarmos o que podemos realmente fazer numa crise, como a do vírus, e como *nos preparamos para o futuro*, o Papa Bento XVI ajuda-nos a tomar um rumo. Da crise financeira de 2008 disse o seguinte: «*A crise obriga-nos a pro-*

jetar de novo o nosso caminho, a impor-nos regras novas e encontrar novas formas de empenhamento, a apostar em experiências positivas e rejeitar as negativas. Assim, a crise torna-se ocasião de discernimento e elaboração de nova planificação. Com esta chave, feita mais de confiança que resignação, convém enfrentar as dificuldades da hora atual ».[2]

Curar o mundo

Na sua *catequese*, proferida durante as audiências públicas de quarta-feira em agosto e setembro de 2020, o Papa Francisco procurou dirigir-se à Igreja e ao mundo com palavras de consolação e propor alternativas estimulantes aos velhos estilos de vida, hábitos e estruturas sociais que a pandemia revelou serem carentes de justiça, insustentáveis e necessitados de reformas drásticas para manter firme o valor central da pessoa humana. A *normalidade* a que o Papa gostaria que aspirássemos como discípulos missionários é antecipar na terra, através das nossas ações, das nossas políticas e decisões, o Reino de Deus de justiça, paz e igualdade entre irmãs e irmãos que têm um Deus como Pai.

---

[2] PAPA BENTO XVI, *Caritas in Veritate* [CV], 21. (ênfase acrescentada).

Assim, para prefigurar um mundo mais justo, inclusivo e sustentável que nos possa ajudar a superar o assalto que é a pandemia de Covid-19, o Papa convida-nos a unir-nos a ele numa nova *viagem*. Trata-se de uma *peregrinação* inspirada no Evangelho de Cristo, nosso salvador e curador, e que tem como farol as virtudes teologais: *fé, esperança e caridade*. Ou seja, a *certeza da nossa fé* em Deus Criador de todas as coisas e Senhor da história, a *generosa oferta do amor de Deus em Cristo* e *a certeza da esperança nas suas promessas*. Por conseguinte, é também uma *peregrinação* da vida vivida na Igreja, como *"Amor de Cristo"* que ilumina a nossa conduta, ações e decisões nas esferas económica, política, ecológica e de saúde, e cuja aplicação às questões da vida ao longo dos anos, em diálogo com as ciências humanas e as sabedorias tradicionais, geraram os *"Princípios da doutrina social da Igreja"*.[3]

Seguindo o estilo composicional *"ver, julgar e agir"*, tornado popular pelo Cardeal Cardijn, cada *catequese* começa com o anúncio do tema, seguido de um exposé (*ver*). Depois, com referência às Escrituras (atributos do Reino de Deus e/ou as virtudes da *fé, esperança*

---

[3] *Compêndio da Doutrina Social da Igreja* [CDSI], Cap. 4.

e *caridade*), é abordado o significado do tema (*julgar*). Por fim, com referência à *Doutrina Social da Igreja*, é apresentada uma aplicação do tema. Um convite à ação ou uma oração de intercessão conclui as *catequeses*.

O convite do Papa a *caminhar* juntos pela via da cura para um mundo atingido pela Covid-19, e a discernir o futuro, é dirigido a todos. Pois a experiência que a família humana está a enfrentar com a pandemia não é local, nacional, nem regional. É uma pandemia global que põe a nu a fragilidade da existência humana e, desta forma, evoca o nosso sentido de interdependência e inter-relação. Discernir o caminho de cura e recuperação para esta pandemia não é certamente para *"lobos solitários"*. É um empreendimento global que não admite individualismos, sejam eles pessoais ou coletivos, expressos sob a forma de nacionalismos políticos ou de interesses económicos. Nem sequer os nossos esforços globais podem admitir a indiferença, nem ser espetadores de fora. A saída da crise como seres humanos melhores que vivem em sociedades mais saudáveis é um *empreendimento conjunto*. E isso acontece através da *comunhão* com especial atenção aos mais débeis, aos pobres e à criação.

A Catequese

A *catequese* introdutória apresenta Jesus como o curador e apóstolo da nossa fé (cf. *Hb* 3, 1). A cura de Jesus revela o Reino de Deus, que por sua vez inaugura uma era de graça, cujos primeiros sinais são os dons espirituais da *fé*, *esperança* e *caridade*. Estes dons espirituais predispõem-nos à consolação e cura de Deus. Além disso, não só nos preparam para levar conforto e cura aos aflitos (cf. 2 *Cor* 1, 3-5), mas também nos tornam agentes de transformação das *"raízes das nossas enfermidades físicas, espirituais e sociais"* e construtores de uma *civilização do amor*.

A segunda *catequese*, e a possibilidade de cura, abre-se com uma observação de como a pandemia mostrou uma humanidade vulnerável mas interligada, e a necessidade de cuidar dos pobres e da terra. A vulnerabilidade da pessoa reflete outras doenças sociais que precisam de ser curadas; em particular, há necessidade de apreciar o valor e o caráter da pessoa humana nestas condições negativas. Com o nosso olhar fixo em Jesus, aprendemos que tal como a sua morte na cruz não impediu o centurião de o reconhecer como «*filho de Deus*» (*Mc* 15, 39), assim também a fragilidade da condição humana nestes tempos não pode ofuscar a nossa visão do esplendor da natureza humana e da sua vocação. A pessoa humana não é apenas um *ser relacional*: acreditar em Deus Pai que ama os homens e as mulheres com amor infinito significa compreender que Deus «*lhe confere uma dignidade infinita*».[4] A dignidade, como dom supremo da pessoa humana, torna-nos a todos *comuns*: *irmãos e irmãs* (adelphoi = a-delphoi) do mesmo ventre e, portanto, iguais em dignidade. Nem a Covid-19 nem as políticas do Estado podem diminuir a dignidade do indivíduo, e ninguém pode ser tratado de forma desprezível nem ver-se negar os cuidados de saúde. E, além disso, este é o momento de reconhecer o valor de todos os profissionais da saúde que arriscam a vida para manter elevado o valor da vida e da dignidade dos outros.

Após a cura das relações nas *catequeses* anteriores, a terceira *catequese* é uma oportunidade para curar uma doença social, exposta pela pandemia: "a injustiça social", manifestada em várias formas de *desigualdade, marginalização, discriminação*, etc., recordando o princípio da "*opção preferencial pelos pobres*". De facto, este princípio é um imperativo evan-

---

[4] Papa Francisco, *Evangelii gaudium* [*EG*], 178.

gélico, segundo o qual todos « *são chamados a ser instrumentos de Deus ao serviço da libertação e promoção dos pobres, para que possam integrar-se plenamente na sociedade* ».[5] A pobreza pode ser uma profunda predisposição espiritual perante Deus, da qual se recebe tudo como um dom, e pode ser uma expressão espiritual perante o Deus do amor. Contudo, quando uma pandemia ou qualquer outra condição social ferem a dignidade, tornando o indivíduo menos livre e menos humano, e portanto pobre, é necessário evitar e resistir a esta pobreza, juntamente com a própria pandemia e as outras *"pandemias sociais"* que a provocam. Um regresso à *normalidade* não pode incluir estas *pandemias sociais*. Devem ser curadas juntamente com a mesma pandemia de Covid-19. Jesus que se tornou pobre, fazendo-se servo de todos, deixou aos seus discípulos um exemplo e um legado de *serviço de amor*: « *deveis lavar os pés uns aos outros* » (*Jo* 13, 14). É assim que se curam as epidemias da injustiça social!

O *serviço de amor* gera a *esperança* de poder curar as graves desigualdades reveladas pela pandemia. A quarta *catequese* é uma opor-

---

[5] *EG*, 187.

tunidade para curar estas injustiças através do princípio do destino universal dos bens. Como "fruto de um crescimento económico injusto" que ignora a importância primária da pessoa, da sua dignidade e bem-estar em qualquer atividade, bem como o bem-estar da *casa comum,* qualquer tipo de desigualdade é contrária ao desígnio de Deus na criação. Mas quando «*cultivar e guardar*» (*Gn* 2, 15) se torna um *serviço de amor* (gestão/cuidado/administração = *oikonomia*) à terra, os seus produtos são partilhados e *destinam-se a servir o bem de todos* (cf. *At* 4, 32-35). Isto inclui as gerações atuais, as gerações futuras e a própria terra.

A quinta *catequese* é uma oportunidade para curar a nossa fragmentariedade, através da conversão da nossa pertença natural e inter-relação na virtude da *solidariedade* em Cristo.[6] Cada pessoa criada por Deus, amada e salva em Cristo, realiza-se quando cria uma rede de relações de amor, justiça e solidariedade com outras pessoas.[7] Esta consequência natural da nossa natureza, como seres relacionais que vivem numa rede viva de relações para se apoiarem e se ajudarem uns aos ou-

---

[6] Cf. São João Paulo II, *Sollicitudo Rei Socialis* [*SRS*], 38-40.

[7] *CDSI,* 4; 35.

tros, está a revelar-se vulnerável nestes tempos de Covid-19. Todos os dias ouvimos falar dos pobres que mais sofrem, das minorias que morrem em certas regiões, da apropriação de tecnologias e vacinas por parte de certos países. Fomos egoístas, individualistas e indiferentes, e não nos vigiámos uns aos outros o suficiente! *A solidariedade «supõe a criação duma nova mentalidade que pense em termos de comunidade, de prioridade da vida de todos sobre a apropriação dos bens por parte de alguns».*[8]

A sexta *catequese* fala de como curar o mundo de sentimentos negativos a nível pessoal, social e político, sentimentos de competição vã, rivalidade, ódio, falta de cooperação, indiferença e individualismo, através de uma *civilização do amor* que promove o *bem comum* a todos os níveis. O amor, comparado com a luz, é considerado a primeira ação da criação de Deus. Como amor a Deus e amor ao próximo, é a plena realização da promessa de Deus ao seu povo, e Jesus faz dela a marca registada dos seus seguidores. De facto, nas *Bem-aventuranças* (*Lc* 6, 27-36), Jesus ensina aos discípulos a pôr os outros em primeiro lugar, por amor. Tal amor desarma o fanatismo, a competição,

---

[8] *EG*, 188.

a rivalidade, o ódio e a divergência, sentimentos que militam contra a busca do *bem comum,* entendido como «*garantia do bem pessoal, familiar e associativo*».[9] E dado que «*todo o cristão é chamado a esta caridade, conforme a sua vocação e segundo as possibilidades que tem de incidência na pólis*»,[10] ninguém está dispensado de se dedicar e contribuir para o bem *comum.*

As catequeses anteriores trataram principalmente a nossa relação com Deus e com os seres humanos (a sua conduta, sociedade, estruturas e instituições). A sétima *catequese* é uma oportunidade para curar as nossas relações com a Criação através da contemplação. De facto, a primeira tarefa dada à pessoa humana no momento da criação é *"cultivar e guardar"* a casa-jardim. *"Cultivá-la"* permite que a pessoa se alimente a si própria. Mas *"guardá-la"* assegura que a casa-jardim permaneça um jardim: um lugar de atenção e cuidado. *"Guardar"* ou *"cuidar"*, então, requer uma responsabilidade para com a casa-jardim (a Criação) que não tem sido fácil manter. A violência presente no coração humano reflete esta dificuldade;[11] e o tratamento humano da

---

9 *CDSI,* 61.
10 *CV,* 7.
11 PAPA FRANCISCO, *Laudato si'* [*LS*], 2.

criação tem sido descrito como um *"pecado"*.[12] A fim de curar esta relação e permitir que a pessoa e a sociedade cumpram as suas responsabilidades para com a criação, a *catequese* convida à *contemplação*: reconhecer, portanto, o criador de todas as coisas (cf. *Sl* 19), o seu desígnio para todas as coisas e a sua doação de todas as coisas à pessoa humana como *dom,* e estar grato, regozijar-se e celebrar!

Uma cura do nosso mundo atingido pela Covid-19 que seja total e dê plenitude deve ser tarefa de todos. Por esta razão, a oitava *catequese* é uma oportunidade para enfatizar a grande urgência e necessidade para a qual todos devem ser ajudados a contribuir, a tomar consciência e a ser responsáveis pelo processo de cura. Se *a solidariedade* significa que a cura do mundo deve ser um compromisso comum, onde todos atuam em conjunto para implementar esta cura, a *subsidiariedade* reconhece que, em certos casos, as pessoas devem ser ajudadas (ou assistidas = *subsidium*) e habilitadas a participar e contribuir para este compromisso comum. Quando o Estado ajuda as pessoas a desempenhar o seu papel, apoia-as simplesmente a tornarem-se protagonistas

---

[12] *Ibid.*, 8.

dos seus específicos papéis e responsabilidades no processo de cura do nosso mundo, das suas instituições e estruturas; em suma, para moldar um mundo melhor.

A *catequese* final conclui as indicações para curar um mundo duramente atingido pela Covid-19, anunciando um novo *caminho* para um novo futuro, com os olhos sempre fixos em Jesus, nosso curador. A cura de Jesus é plena e dá plenitude. Não há nenhum aspeto da pessoa ou parte da vida que se mantenham inalterados. E agora Jesus envia-nos a fazer o mesmo: curar as vítimas da Covid-19 e curar a nossa sociedade de tudo o que a torna menos humana. Pois o Deus que nos consola na dor envia-nos agora ao mundo como consoladores daqueles que se encontram em qualquer situação de dor (cf. 2 *Cor* 1, 3-5), e no seu Espírito renovar a face da terra!

Cardeal PETER KODWO TURKSON
Prefeito do Dicastério para o Serviço do Desenvolvimento Humano Integral

CURAR O MUNDO

Catequese sobre a pandemia

Introdução

Prezados irmãos e irmãs, bom dia!

A pandemia continua a causar feridas profundas, desmascarando as nossas vulnerabilidades. Há muitos mortos, muitos doentes, em todos os continentes. Muitas pessoas e tantas famílias vivem um tempo de incerteza, devido a problemas socioeconómicos, que atingem especialmente os mais pobres.

Por este motivo devemos manter o nosso olhar fixo firmemente em Jesus (cf. *Hb* 12, 2) e com esta *fé* abraçar a *esperança* do Reino de Deus que o próprio Jesus nos traz (cf. *Mc* 1, 5; *Mt* 4, 17).[1] Um Reino de cura e salvação que já está presente entre nós (cf. *Lc* 10, 11). Um Reino de justiça e paz que se manifesta através de obras de *caridade,* que por sua vez aumentam a esperança e fortalecem a fé (cf. *1 Cor* 13, 13). Na tradição cristã, *fé, esperança* e *caridade* são muito mais do que sentimentos ou atitudes. São virtudes infundidas em nós pela graça do Espírito Santo:[2] dons que nos curam e nos fazem curar, dons que nos abrem

---

[1] *Catecismo da Igreja Católica* [CIC], n. 2.816.
[2] Cf. *CIC*, nn. 1.812-1.813.

novos horizontes, até quando navegamos nas difíceis águas do nosso tempo.

Um novo encontro com o Evangelho da fé, da esperança e do amor convida-nos a assumir um espírito criativo e renovado. Desta forma, poderemos transformar as raízes das nossas enfermidades físicas, espirituais e sociais. Poderemos curar profundamente as estruturas injustas e as práticas destrutivas que nos separam uns dos outros, ameaçando a família humana e o nosso planeta.

O ministério de Jesus oferece muitos exemplos de cura. Quando cura quantos sofrem de febre (cf. *Mc* 1, 29-34), de lepra (cf. *Mc* 1, 40-45), de paralisia (cf. *Mc* 2, 1-12); quando restitui a vista (cf. *Mc* 8, 22-26; *Jo* 9, 1-7), a palavra ou a audição (cf. *Mc* 7, 31-37), na realidade cura não só um mal físico mas a pessoa inteira. Deste modo, também a restitui curada à comunidade; libertando-a do seu isolamento porque a curou.

Pensemos na bonita narração da cura do paralítico em Cafarnaum (cf. *Mc* 2, 1-12), que ouvimos no inicio da audiência. Enquanto Jesus prega na entrada da casa, quatro homens levam um amigo paralítico a ter com Jesus; e impossibilitados de entrar, porque havia muita gente, descobrem o telhado e descem o leito à frente dele, que está a pregar. «Jesus, vendo a sua fé, disse ao paralítico: "Filho, os teus pecados são-te perdoados!" » (v. 5). E depois, como sinal visível, acrescentou: «Levanta-te, pega no teu leito e vai para casa!» (v. 11).

Que maravilhoso exemplo de cura! A ação de Cristo é uma resposta direta à fé daquelas pessoas, à esperança que n'Ele depositam, ao amor que manifestam uns aos outros. E assim Jesus cura, mas não cura simplesmente a paralisia, cura tudo, perdoa os pecados, renova a vida do paralítico e dos seus amigos. Faz nascer de novo, digamos assim. Uma cura física e ao mesmo tempo espiritual, fruto de um encontro pessoal e social. Imaginemos como esta amizade e a fé de todos os presentes naquela casa cresceram graças ao gesto de Jesus. O encontro de cura com Jesus!

E assim perguntemo-nos: como podemos ajudar a curar o nosso mundo hoje? Como discípulos do Senhor Jesus, que é médico das almas e dos corpos, somos chamados a continuar «a sua obra de cura e salvação»[3] em sentido físico, social e espiritual.

Não obstante a Igreja administre a graça curativa de Cristo através dos Sacramentos, e embora preste serviços de saúde nos

____

³ *CIC*, n. 1.421.

mais remotos cantos do planeta, ela não é especialista em prevenção nem em tratamento da pandemia. Também não dá indicações sociopolíticas específicas.[4] Esta é a tarefa dos líderes políticos e sociais. No entanto, ao longo dos séculos, e à luz do Evangelho, a Igreja desenvolveu alguns princípios sociais que são fundamentais,[5] princípios que nos podem ajudar a ir em frente, a preparar o futuro de que necessitamos. Cito os principais, que estão intimamente ligados entre si: o princípio da dignidade da pessoa, o princípio do bem comum, o princípio da opção preferencial pelos pobres, o princípio do destino universal dos bens, o princípio da solidariedade, da subsidiariedade e o princípio do cuidado pela nossa casa comum. Estes princípios ajudam os dirigentes, os responsáveis pela sociedade, a levar promover o crescimento e inclusive, como neste caso de pandemia, a cura do tecido pessoal e social. Todos estes princípios expressam, de diferentes maneiras, as virtudes da fé, da esperança e do amor.

---

[4] Cf. S. Paulo VI, Carta apost. *Octogesima adveniens* [*OA*], 14 de maio de 1971, 4.
[5] Cf. *Compêndio da Doutrina Social da Igreja* [*CDSI*], 160-208.

Nas próximas semanas, convido-vos a abordar juntos as questões prementes que a pandemia relevou, especialmente as doenças sociais. E fá-lo-emos à luz do Evangelho, das virtudes teologais e dos princípios da doutrina social da Igreja. Exploraremos juntos o modo como a nossa tradição social católica pode ajudar a família humana a curar este mundo que sofre de doenças graves. Desejo refletir e trabalhar em conjunto, como seguidores de Jesus que cura, para construir um mundo melhor, cheio de esperança para as gerações futuras.[6]

Audência geral, 5 de agosto de 2020, Biblioteca do Palácio Apostólico

Pró-memória para os responsáveis e os catequistas

Estas perguntas são elaboradas para orientar a reflexão, tanto pessoal quanto de grupo – de oração, paroquial, de catecismo, ecumênico, de voluntariado ou qualquer grupo de pessoas de boa vontade que se preocupam com o destino da humanidade e da nossa casa comum. No segundo caso, de acordo com as medidas de segurança da COVID da sua

---

[6] Cf. Exort. apost. *Evangelii gaudium* [EG], 24 de novembro de 2013, 183.

região, as reflexões podem ser presenciais ou online. Recomendamos que seja solicitado a cada membro do grupo que leia a Catequese semanal antes da reunião, ou assista ao vídeo, para que se tenha tempo de pensar com atenção antes do encontro. Pode-se também dar as perguntas para uma reflexão com antecedência. Não há necessidade de responder a todas elas: dependerá do tempo à disposição e do que lhes parece mais importante. No início de cada encontro, dediquem algum tempo à oração. Assim como no final das reflexões concluam com outra oração.

Reflexões para a Catequese

1. Qual palavra ou frase mais o impressionou ao ler o texto?

2. Que sinais de esperança você pode ver em sua vida e na de sua comunidade nestes tempos? Onde você vê compaixão e o cuidado em ação?

3. Quais são os desafios que sua comunidade está enfrentando no momento?

4. O Papa Francisco sugere que o mundo precisa de cura. Como você, sua família, seus amigos e a comunidade podem ajudar a curar nosso mundo? Dê algumas ideias concretas.

5. Papa Francisco enumera vários princípios: o princípio da dignidade da pessoa, o princípio do bem comum, o princípio da opção preferencial pelos pobres, o princípio do destino universal dos bens, o princípio da solidariedade, a subsidiariedade, o princípio do cuidado com a casa comum. Qual destes é o mais familiar para você? Quais deles você quer saber mais?

6. Que mudanças podem ajudar a criar um mundo melhor? Por exemplo: mais respeito pela natureza, menos danos ambientais, melhores empregos para todos, uma renda básica universal para todos?

7. O que implica em nossa atitude em relação aos outros dar-se conta que todos nós somos membros de uma única família humana?

Fé e dignidade humana

Amados irmãos e irmãs, bom dia!

A pandemia pôs em evidência quão vulneráveis e interligados estamos todos nós. Se não nos preocuparmos uns com os outros, a começar pelos últimos, por aqueles que são mais atingidos, incluindo a criação, não podemos curar o mundo.

É de louvar o empenho de tantas pessoas que nestes meses estão a demonstrar amor humano e cristão pelo próximo, dedicando-se aos doentes até arriscando a própria saúde. São heróis! No entanto, o coronavírus não é a única doença a combater, mas a pandemia trouxe à luz patologias sociais mais vastas. Uma delas é a visão distorcida da pessoa, um olhar que ignora a sua dignidade e a sua índole relacional. Por vezes consideramos os outros como objetos, a serem usados e descartados. Na realidade, este tipo de olhar cega e fomenta uma cultura de descarte individualista e agressiva, que transforma o ser humano num bem de consumo.[1]

---

[1] Cf. *EG*, 53; Enc. *Laudato si'* [*LS*], 22.

Contudo, à luz da fé, sabemos que Deus olha para o homem e para a mulher de outro modo. Ele criou-nos não como objetos, mas como pessoas amadas e capazes de amar; criou-nos à sua imagem e semelhança (cf. *Gn* 1, 27). Desta forma, deu-nos uma dignidade única, convidando-nos a viver em comunhão com Ele, em comunhão com as nossas irmãs e irmãos, no respeito de toda a criação. Podemos dizer, em comunhão, em harmonia. A criação é uma harmonia na qual somos chamados a viver. E nesta comunhão, nesta harmonia que é comunhão, Deus dá-nos a capacidade de procriar e de preservar a vida (cf. *Gn* 1, 28-29), de trabalhar e cuidar da terra (cf. *Gn* 2, 15).[2] Compreende-se que não podemos procriar nem preservar a vida sem harmonia; seria destruída.

Temos um exemplo desse olhar individualista, daquilo que não é harmonia, nos Evangelhos, no pedido feito a Jesus pela mãe dos discípulos Tiago e João (cf. *Mt* 20, 20-28). Ela gostaria que os seus filhos pudessem sentar-se à direita e à esquerda do novo rei. Mas Jesus propõe outro tipo de visão: a de servir e dar a vida pelos outros, e confirma-a restituindo a vista a dois cegos e fazendo-os seus discípulos (cf. *Mt* 20, 29-34). Procurar subir na

---

[2] *LS*, 67.

vida, ser superior aos outros, destrói a harmonia. É a lógica do domínio, de dominar os demais. A harmonia é outra coisa: é o serviço.

Peçamos portanto ao Senhor que nos conceda um olhar atento aos irmãos e irmãs, especialmente aos que sofrem. Como discípulos de Jesus, não queremos ser indiferentes ou individualistas. São estas as duas atitudes negativas contra a harmonia. Indiferente: olho para o outro lado. Individualista: considerar apenas o próprio interesse. A harmonia criada por Deus pede que olhemos para os outros, para as necessidades dos demais, para os problemas do próximo, estar em comunhão. Queremos reconhecer em cada pessoa a dignidade humana, qualquer que seja a sua raça, língua ou condição. A harmonia faz reconhecer a dignidade humana, aquela harmonia criada por Deus, com o homem no centro.

O Concílio Vaticano II evidencia que esta dignidade é inalienável, porque «foi criada à imagem de Deus».[3] Ela é a base de toda a vida social e determina os seus princípios operacionais. Na cultura moderna, a referência mais próxima ao princípio da dignidade inalienável da pessoa é a Declaração Universal dos Direitos do Homem, que São

______

[3] Const. past. *Gaudium et spes* [GS], 12.

João Paulo II definiu «uma pedra miliária, posta na longa e difícil caminhada do género humano»[4] e como «uma das mais altas expressões da consciência humana».[5] Os direitos não são apenas individuais, mas também sociais; são dos povos, das nações.[6] Com efeito, o ser humano, na sua dignidade pessoal, é um ser social, criado à imagem do Deus Uno e Trino. Nós somos seres sociais, precisamos de viver nesta harmonia social, mas quando há egoísmo, o nosso olhar não se dirige para os outros, para a comunidade, mas volta-se para nós mesmos e isto torna-nos irracionais, maus, egoístas, destruindo a harmonia.

Esta consciência renovada pela dignidade de cada ser humano tem sérias implicações sociais, económicas e políticas. Olhar para o irmão e para toda a criação como uma dádiva recebida do amor do Pai suscita um comportamento de atenção, cuidado e admiração. Assim o crente, contemplando o próximo como um irmão e não como um estranho, olha para ele com compaixão e empatia, não com desprezo ou inimizade. E contemplando

---

[4] *Discurso à Assembleia geral das Nações Unidas*, 2 de outubro de 1979, n. 7.

[5] *Discurso à Assembleia geral das Nações Unidas*, 5 de outubro de 1995, n. 2.

[6] Cf. *CDSI*, 157.

o mundo à luz da fé, esforça-se por desenvolver, com a ajuda da graça, a sua criatividade e entusiasmo para resolver os dramas da história. Ele concebe e desenvolve as suas capacidades como responsabilidades que fluem da fé,[7] como dons de Deus a serem postos ao serviço da humanidade e da criação.

Ao trabalharmos todos para curar um vírus que atinge indistintamente todos, a fé exorta-nos a comprometer-nos séria e ativamente a contrastar a indiferença face às violações da dignidade humana. Esta cultura da indiferença que acompanha a cultura do descarte: as coisas que não me dizem respeito não me interessam. A fé exige sempre que nos deixemos curar e converter do nosso individualismo, tanto pessoal como coletivo: por exemplo, um individualismo de partido.

Que o Senhor nos "restitua a vista" para redescobrir o que significa sermos membros da família humana. E que este olhar se traduza em ações concretas de compaixão e respeito por cada pessoa e de cuidado e tutela pela nossa casa comum.

Audência geral, 12 de agosto de 2020, Biblioteca do Palácio Apostólico

---

[7] *Ibidem.*

1. Qual palavra ou frase mais o impressionou ao ler o texto?

2. Você conhece alguém que descreveria como um herói, alguém que fez de tudo para ajudar os outros durante a pandemia? O que eles fizeram?

3. Como você descreveria a diferença entre uma cultura individualista e uma cultura comunitária? Você pode dar um exemplo?

4. O que deve mudar para que possamos viver em um mundo que respeite a dignidade da criação? O que poderíamos mudar em nossas vidas para reduzir a destruição diária do nosso meio ambiente?

5. Que grupos de pessoas sofrem discriminação e preconceito no seu país? Por exemplo, como são tratados os refugiados? Pessoas sem-teto? Como podemos seguir melhor o exemplo de Jesus na maneira como tratamos os outros?

6. Quem é teu próximo? Como podemos responder às palavras do Papa Francisco e promover a harmonia ao nosso redor?

7. Que ações concretas você poderia tomar como comunidade para demonstrar compaixão para com os que precisam dela, local e globalmente? E o que você poderia fazer para mostrar cuidado com a nossa casa comum, a Terra?

A OPÇÃO PREFERENCIAL PELOS POBRES E A VIRTUDE DA CARIDADE

Amados irmãos e irmãs, bom dia!

A pandemia acentuou a difícil situação dos pobres e o grande desequilíbrio que reina no mundo. E o vírus, sem excluir ninguém, encontrou grandes desigualdades e discriminações no seu caminho devastador. E aumentou-as!

Portanto, a resposta à pandemia é dupla. Por um lado, é essencial encontrar uma cura para um pequeno mas terrível vírus que põe o mundo inteiro de joelhos. Por outro, devemos curar um grande vírus, o da injustiça social, da desigualdade de oportunidades, da marginalização e da falta de proteção dos mais débeis. Nesta dupla resposta de cura há uma escolha que, segundo o Evangelho, não pode faltar: é *a opção preferencial pelos pobres*.[1] E esta não é uma opção política; nem sequer uma opção ideológica, uma opção de partidos. A opção preferencial pelos pobres está no centro do Evangelho. E quem a fez primeiro foi

---

[1] Cf. *EG*, 195.

Jesus; ouvimos isto no trecho da Carta aos Coríntios, lido no início. Ele, sendo rico, fez-se pobre para nos enriquecer. Fez-se um de nós e por isso, no centro do Evangelho, no centro do anúncio de Jesus, há esta opção.

O próprio Cristo, que é Deus, despojou-se, fazendo-se semelhante aos homens; e não escolheu uma vida de privilégio, mas escolheu a condição de servo (cf. *Fl* 2, 6-7). Aniquilou-se a si mesmo fazendo-se servo. Nasceu numa família humilde e trabalhou como artesão. No início da sua pregação, anunciou que no Reino de Deus os pobres são bem-aventurados (cf. *Mt* 5, 3; *Lc* 6, 20).[2] Estava no meio dos doentes, dos pobres e dos excluídos, mostrando-lhes o amor misericordioso de Deus.[3] E muitas vezes foi julgado como homem impuro, porque cuidava dos doentes, dos leprosos, que segundo a lei da época, eram impuros. E Ele correu riscos por estar próximo dos pobres.

Por esta razão, os seguidores de Jesus reconhecem-se pela sua proximidade aos pobres, aos pequeninos, aos doentes, aos presos, aos excluídos, aos esquecidos, a quantos não têm comida nem roupa (cf. *Mt* 25, 31-36).[4] Po-

---

[2] *EG*, 197.
[3] Cf. *CIC*, 2444.
[4] *Ibid.*, 2443.

demos ler aquele famoso parâmetro sobre o qual todos seremos julgados, todos seremos julgados. É Mateus, capítulo 25. Este é um *critério-chave de autenticidade cristã* (cf. *Gl* 2, 10).[5] Alguns pensam erradamente que este amor preferencial pelos pobres é uma tarefa para poucos, mas na realidade é a missão de toda a Igreja, dizia São João Paulo II.[6] «Cada cristão e cada comunidade são chamados a ser instrumentos de Deus para a libertação e promoção dos pobres».[7]

A fé, a esperança e o amor impulsionam-nos necessariamente para esta preferência pelos mais necessitados,[8] que vai além da assistência necessária.[9] Trata-se de caminhar juntos, deixando-se evangelizar por eles, que conhecem bem Cristo sofredor, deixando-nos "contagiar" pela sua experiência de salvação, sabedoria e criatividade.[10] Partilhar com os pobres significa enriquecer-se uns aos outros. E se existem estruturas sociais doentes que

---

[5] *EG*, 195.

[6] Cf. Enc. *Sollicitudo rei socialis* [*SRS*], 42.

[7] *EG*, 187.

[8] Cf. CONGREGAÇÃO PARA A DOUTRINA DA FÉ, *Instrução sobre alguns aspetos da "Teologia da Libertação"*, [1984], cap. V.

[9] Cf. *EG*, 198.

[10] Cf. *ibid.*

lhes impedem de sonhar com o futuro, devemos trabalhar em conjunto para as curar, para as mudar.[11] A isto conduz o amor de Cristo, que nos amou até ao extremo (cf. *Jo* 13, 1) e chega inclusive aos confins, às margens, às fronteiras existenciais. Trazer as periferias para o centro significa centrar as nossas vidas em Cristo, que «se fez pobre» por nós, a fim de nos enriquecer «através da sua pobreza» (2 *Cor* 8, 9).[12]

Estamos todos preocupados com as consequências sociais da pandemia. Todos. Muitos querem regressar à normalidade e retomar as atividades económicas. É claro, mas esta "normalidade" não deve incluir injustiça social e degradação ambiental. A pandemia é uma crise e não se sai iguais de uma crise: ou saímos melhores ou saímos piores. Nós deveríamos sair melhores, para resolver as injustiças sociais e a degradação ambiental. Hoje temos uma oportunidade de construir algo diferente. Por exemplo, podemos fazer crescer uma economia de desenvolvimento integral dos pobres e não de assistencialismo.

____

[11] Cf. *Ibid.*, 195.

[12] cf. BENTO XVI, *Discurso inaugural da V Conferencia Geral do Episcopado Latino-americano e do Caribe* [13 de maio de 2007], n. 3.

Com isto não pretendo condenar a assistência, as obras de assistência são importantes. Pensemos no voluntariado, que é uma das estruturas mais bonitas que a Igreja italiana possui. Mas devemos ir além e resolver os problemas que nos estimulam a fazer assistência. Uma economia que não recorra a remédios que na realidade envenenam a sociedade, tais como rendimentos dissociados da criação de empregos dignos.[13] Este tipo de lucro é dissociado da economia real, aquela que deveria beneficiar as pessoas comuns,[14] e é também por vezes indiferente aos danos infligidos à casa comum. A opção preferencial pelos pobres, esta necessidade ética e social que vem do amor de Deus,[15] dá-nos o estímulo para pensar e conceber uma economia onde as pessoas, especialmente as mais pobres, estejam no centro. E também nos encoraja a projetar o tratamento do vírus, privilegiando quem tem mais necessidade. Seria triste se na vacina contra a Covid-19 fosse dada a prioridade aos mais ricos! Seria triste se esta vacina se tornasse propriedade desta ou daquela nação e não fosse universal e para todos. E que

---

13 Cf. *EG*, 204.
14 Cf. *LS*, 109.
15 Cf. *ibid.*, 158.

escândalo seria se toda a assistência económica que estamos a observar — a maior parte dela com dinheiro público — se concentrasse no resgate das indústrias que não contribuem para a inclusão dos excluídos, para a promoção dos últimos, para o bem comum ou para o cuidado da criação.[16] Há critérios para escolher quais serão as indústrias que devem ser ajudadas: as que contribuem para a inclusão dos excluídos, para a promoção dos últimos, para o bem comum e para o cuidado da criação. Quatro critérios.

Se o vírus se voltar a intensificar num mundo injusto em relação aos pobres e aos vulneráveis, devemos mudar este mundo. Com o exemplo de Jesus, o médico do amor divino integral, isto é, da cura física, social e espiritual (cf. *Jo* 5, 6-9), — como era a cura que Jesus fazia — devemos agir agora, para curar as epidemias causadas por pequenos vírus invisíveis, e para curar as que são provocadas pelas grandes e visíveis injustiças sociais. Proponho que isto seja feito a partir do amor de Deus, colocando as periferias no centro e os últimos em primeiro lugar. Não esquecer aquele parâmetro sobre o qual seremos julga-

---

[16] *Ibid.*

dos, Mateus, capítulo 25. Ponhamo-lo em prática nesta retomada da epidemia. E a partir deste amor concreto, ancorado na esperança e fundado na fé, será possível um mundo mais saudável. Caso contrário, sairemos piores da crise. Que o Senhor nos ajude, nos conceda a força para sair melhores, respondendo às necessidades do mundo de hoje.

Audência geral, 19 de agosto de 2020, Biblioteca do Palácio Apostólico

REFLEXÕES PARA A CATEQUESE

1. Qual palavra ou frase mais o impressionou ao ler o texto?
2. Você viu algum belo exemplo esta semana? Pessoas que ajudam os outros?
3. De que modo a COVID-19 tornou as desigualdades mais óbvias, e como as agravou? Que impactos negativos podemos ver nas pessoas que vivem na pobreza?
4. O que impede que as pessoas que vivem na pobreza realizem seus sonhos para o futuro? Por exemplo, o acesso a bons serviços de saúde e educação são disponíveis para todos, ricos e pobres, em seu país? Há um lugar seguro e acessível para todos?

5. O que significa concretamente estar do lado dos pobres? Você pode compartilhar um exemplo de como você estava do lado deles, ou quando você viu outra pessoa fazendo isso? Quem são os pobres? Podemos pensar em algum santo particularmente próximo a eles?

6. O que torna um trabalho 'digno'? E que condições tornam um trabalho menos digno?

7. Como você, sua família e seu grupo podem ajudar a curar o mundo? O que significa seguir o exemplo de Jesus, estando próximo dos pobres e marginalizados? O que sua comunidade já está fazendo para apoiar os mais pobres e os mais excluídos?

O DESTINO UNIVERSAL DOS BENS E A VIRTUDE DA ESPERANÇA

Amados irmãos e irmãs, bom dia!

Perante a pandemia e as suas consequências sociais, muitos correm o risco de perder a esperança. Neste tempo de incerteza e angústia, convido todos a aceitarem o dom da *esperança* que vem de Cristo. É Ele que nos ajuda a navegar nas águas tumultuosas da doença, da morte e da injustiça, que não têm a última palavra sobre o nosso destino final.

A pandemia pôs em evidência e agravou os problemas sociais, especialmente a desigualdade. Alguns podem trabalhar de casa, enquanto para muitos outros isto é impossível. Algumas crianças, apesar das dificuldades, podem continuar a receber uma educação escolar, enquanto para muitas outras houve uma brusca interrupção. Algumas nações poderosas podem emitir moeda para enfrentar a emergência, enquanto que para outras isso significaria hipotecar o futuro.

Estes sintomas de desigualdade revelam uma doença social; é um vírus que provém de uma economia doente. Devemos simplesmente dizê-lo: a economia está doente. Adoeceu.

É o resultado de um crescimento económico iníqua — esta é a doença: o fruto de um crescimento económico iníquo — que prescinde dos valores humanos fundamentais. No mundo de hoje, muito poucas pessoas ricas possuem mais do que o resto da humanidade. Repito isto porque nos fará refletir: poucos riquíssimos, um pequeno grupo, possui mais que o resto da humanidade. Esta é mera estatística. É uma injustiça que clama aos céus! Ao mesmo tempo, este modelo económico é indiferente aos danos infligidos à casa comum. Não cuida da casa comum. Estamos quase a superar muitos dos limites do nosso maravilhoso planeta, com consequências graves e irreversíveis: desde a perda de biodiversidade e alterações climáticas ao aumento do nível dos mares e à destruição das florestas tropicais. A desigualdade social e a degradação ambiental andam de mãos dadas e têm a mesma raiz:[1] a do pecado de querer possuir, de querer dominar os irmãos e irmãs, de pretender possuir e dominar a natureza e o próprio Deus. Mas este não é o desígnio da criação.

«No princípio, Deus confiou a terra e os seus recursos à gestão comum da humanida-

---

[1] *LS*, 101.

de, para que dela cuidasse».[2] Deus pediu-nos
que dominássemos a terra em Seu nome (cf.
Gn 1, 28), cultivando-a e cuidando dela como
se fosse um jardim, o jardim de todos (cf. *Gn*
2, 15). «Enquanto "cultivar" quer dizer lavrar
ou trabalhar [...] "guardar" significa proteger..., preservar».[3] Mas atenção a não inter-
pretar isto como uma carta branca para fazer
da terra aquilo que se quer. Não. Existe «uma
relação responsável de reciprocidade»[4] entre
nós e a natureza. Uma relação de reciprocidade responsável entre nós e a natureza. Re-
cebemos da criação e damos por nossa vez.
«Cada comunidade pode tomar da bondade
da terra aquilo de que necessita para a sua
sobrevivência, mas tem também o dever de a
proteger».[5] Ambas as partes.

De facto, a terra «precede-nos e foi-nos
dada»,[6] foi dada por Deus «a toda a humanidade».[7] E por isso é nosso dever assegurar
que os seus frutos cheguem a todos, e não
apenas a alguns. Este é um elemento-chave
da nossa relação com os bens terrenos. Como

---

[2] *CIC,* 2402.
[3] *LS,* 67.
[4] *Ibid.*
[5] *Ibid.*
[6] *Ibid.*
[7] *CIC,* 2402.

recordaram os padres do Concílio Vaticano II, «quem usa desses bens, não deve considerar as coisas exteriores que legitimamente possui só como próprias, mas também como comuns, no sentido de que possam beneficiar não só a si mas também aos outros».[8] De facto, «a propriedade dum bem faz do seu detentor um administrador da providência de Deus, com a obrigação de o fazer frutificar e de comunicar os seus benefícios aos outros».[9] Nós somos administradores dos bens, não donos. Administradores. "Sim, mas o bem é meu". É verdade, é teu, mas para o administrares, não para o possuíres egoisticamente.

Para assegurar que o que possuímos seja um valor para a comunidade, «a autoridade política tem o direito e o dever de regular, em função do bem comum».[10]

A «subordinação da propriedade privada ao *destino universal dos bens* [...] é uma "regra de ouro" do comportamento social, e o primeiro princípio de toda a ordem ético--social».[11]

---

[8] *GS*, 69.

[9] *CIC*, 2404.

[10] *Ibid.*; cf. *GS*, 71; *SRS*, 42; Carta enc. *Centesimus annus* [*CA*], 40.48.

[11] *LS*, 93; cf. São João Paulo II, Carta enc. *Laborem exercens* [*LE*], 19.

As propriedades, o dinheiro são instrumentos que podem servir para a missão. Mas transformamo-los facilmente em fins individuais ou coletivos. E quando isto acontece, são minados os valores humanos essenciais. O *homo sapiens* deforma-se e torna-se uma espécie de *homo oeconomicus* — num sentido menor — individualista, calculista e dominador. Esquecemos que, sendo criados à imagem e semelhança de Deus, somos seres sociais, criativos e solidários, com uma imensa capacidade de amar. Com frequência esquecemo-nos disto. De facto, somos os seres mais cooperadores entre todas as espécies, e florescemos em comunidade, como se pode ver na experiência dos santos. Há um ditado espanhol que me inspirou esta frase, que reza assim: Florescemos *en racimo, como los santos*. Florescemos em comunidade como se vê na experiência dos santos.

Quando a obsessão de possuir e dominar exclui milhões de pessoas dos bens primários; quando a desigualdade económica e tecnológica é tal que dilacera o tecido social; e quando a dependência do progresso material ilimitado ameaça a casa comum, então não podemos ficar a olhar de braços cruzados. Não, isso é desolador. Não podemos ficar a olhar! Com os olhos fixos em Jesus (cf. *Hb* 12,

2) e com a certeza de que o seu amor opera através da comunidade dos seus discípulos, devemos agir em conjunto na esperança de gerar algo diferente e melhor. A esperança cristã, enraizada em Deus, é a nossa âncora. Sustenta a vontade de partilhar, fortalecendo a nossa missão como discípulos de Cristo, que partilhou tudo connosco.

Isto foi compreendido pelas primeiras comunidades cristãs, que, como nós, viveram tempos difíceis. Conscientes de formar um só coração e uma só alma, punham todos os seus bens em comum, dando testemunho da abundante graça de Cristo sobre eles (cf. *At* 4, 32-35). Nós estamos a viver uma crise. A pandemia pôs-nos todos em crise. Mas recordai--vos: de uma crise não se pode sair iguais, ou saímos melhores ou saímos piores. Eis a nossa opção. Depois da crise, continuaremos com este sistema económico de injustiça social e de desprezo pelo cuidado do meio ambiente, da criação, da casa comum? Pensemos nisto. Que as comunidades cristãs do século XXI recuperem esta realidade — o cuidado da criação e a justiça social: caminham juntas — dando assim testemunho da Ressurreição do Senhor. Se cuidarmos dos bens que o Criador nos concede, se partilharmos o que possuímos para que não falte nada a ninguém, então de facto podemos inspirar esperança para regenerar um mundo mais saudável e mais justo.

E para terminar, pensemos nas crianças. Lede as estatísticas: quantas crianças, hoje, morrem de fome devido à má distribuição das riquezas, a um sistema económico como disse acima; e quantas crianças, hoje, não têm direito à escolarização, pelo mesmo motivo. Que esta imagem, das crianças necessitadas, com fome e com falta de escolarização, nos ajude a compreender que desta crise devemos sair melhores. Obrigado.

Audência geral, 26 de agosto de 2020, Biblioteca do Palácio Apostólico

REFLEXÕES PARA A CATEQUESE

1. Qual palavra ou frase mais o impressionou ao ler o texto?

2. Houve um momento em que você compartilhou algo com alguém? Como você se sentiu?

3. Como você se sente quando lê nas estatísticas que um punhado de pessoas possui mais do que o resto da humanidade? Que ideias lhe vêm à mente para mudar para que todos tenham o suficiente para viver?

4. Há sinais de danos ambientais na sua localidade, região ou país? Poluição do ar? A água é limpa? Você já presenciou sinais de mudança climática — por exemplo, enchentes, secas ou tempestades prejudiciais?

5. Na sua opinião, quem é rico? Alguém que possui uma casa? Alguém que possui mais de uma? Alguém que dirige um carro esportivo? Em seu país, quanto você tem que ganhar para ser considerado rico? Quanto você tem que ganhar só para sobreviver?

6. Existem bons exemplos de compartilhamento em sua comunidade? Por exemplo, distribuição de alimentos, ou trabalhos para os desempregados? Você pode oferecer um quarto para um requerente de asilo, ou um chuveiro para um sem-teto? Você tem alguma boa ideia sobre isso?

7. Como os cuidados com a criação e a justiça social testemunham a Ressurreição do Senhor? Cuidar da criação e alimentar as crianças famintas é uma boa maneira de tornar as pessoas conscientes do amor de Cristo? Que outras formas existem? Que meios teriam um impacto maior?

A SOLIDARIEDADE E A VIRTUDE DA FÉ

Estimados irmãos e irmãs, bom dia!

Depois de tantos meses retomamos o nosso encontro direto e já não através do écran. Direto. Isto é bom! A atual pandemia pôs em evidência a nossa interdependência: estamos todos ligados uns aos outros, tanto no mal como no bem. Por conseguinte, para sairmos melhores desta crise, devemos fazê--lo juntos, não sozinhos, juntos. Não sozinhos porque não se pode! Ou juntos ou não é possível. Temos que o fazer em conjunto, todos nós, em *solidariedade*. Gostaria de sublinhar hoje esta palavra: *solidariedade*.

Como família humana, temos uma origem comum em Deus; vivemos numa casa comum, o planeta-jardim, a terra em que Deus nos colocou; e temos um destino comum em Cristo. Mas quando esquecemos tudo isto, a nossa *interdependência* torna-se a *dependência* de uns em relação aos outros — perdemos esta harmonia da interdependência na solidariedade — aumentando a desigualdade e a marginalização; o tecido social debilita-se e o meio ambiente deteriora-se. É sempre o mesmo modo de agir.

Portanto, hoje *o princípio de solidariedade* é mais necessário do que nunca, como ensinou São João Paulo II.[1] Num mundo interligado, experimentamos o que significa viver na mesma "aldeia global". Esta expressão é bonita: o grande mundo mais não é do que uma aldeia global porque tudo está interligado. Mas nem sempre transformamos esta *interdependência* em *solidariedade*. Há um longo caminho entre a interdependência e a solidariedade. Ao contrário, o egoísmo — individual, nacional e de grupos de poder — e a rigidez ideológica alimentam «estruturas de pecado».[2]

«Embora um pouco desgastada e, por vezes, até mal interpretada, a palavra "solidariedade" significa muito mais do que algumas ações esporádicas de generosidade. É mais! Supõe a criação de uma nova mentalidade que pense em termos de comunidade, de prioridade da vida de todos sobre a apropriação dos bens por parte de alguns».[3] Isto significa *solidariedade*. Não é apenas questão de ajudar os outros — é bom fazer isto, mas é mais do que isto — trata-se de justiça.[4] Para

---

[1] Cf. *SRS*, 38-40.
[2] *Ibid.*, 36.
[3] Cf. *EG*, 188.
[4] Cf. *CIC*, 1938-1940.

ser solidária e dar frutos, a interdependência precisa de raízes fortes no humano e na natureza criada por Deus, precisa de respeito pelos rostos e pela Terra.

A Bíblia admoesta-nos desde o início. Pensemos na narração da Torre de Babel (cf. *Gn* 11, 1-9) que descreve o que acontece quando procuramos alcançar o céu — a nossa meta — ignorando a ligação com o humano, com a criação e com o Criador. É um modo de dizer: isto acontece todas as vezes que alguém quer subir, subir sem ter os outros em consideração. Só eu! Pensemos na torre. Construímos torres e arranha-céus, mas destruímos a comunidade. Unificamos edifícios e línguas, mas mortificamos a riqueza cultural. Queremos ser senhores da Terra, mas arruinamos a biodiversidade e o equilíbrio ecológico. Falei-vos noutra audiência sobre aqueles pescadores de San Benedetto del Tronto que este ano vieram e me disseram: "Tiramos 24 toneladas de lixo do mar, metade do qual era plástico". Refleti! Eles têm o espírito para pescar, mas também para tirar o lixo e para limpar o mar. Mas isto [a poluição] arruína a terra, não ser solidário com a terra, que é um dom, e para com o equilíbrio ecológico.

Lembro-me de um conto medieval que descreve esta "síndrome de Babel", que é quando não existe solidariedade. Esta narração medieval conta que durante a construção da torre, quando um homem caía — eram escravos — e morria, ninguém dizia nada, no máximo: diziam "pobre homem, errou e caiu". Ao contrário, se caísse um tijolo, todos se queixavam. E se alguém fosse culpado era punido. Porquê? Porque um tijolo era difícil de fazer, de preparar, de cozer. Eram necessários tempo e trabalho para fabricar um tijolo. Um tijolo valia mais do que a vida humana. Cada um de nós penso no que acontece hoje. Infelizmente, ainda hoje pode acontecer algo semelhante. Algumas quotas do mercado financeiro — vimos nos jornais estes dias — caem e as notícias aparecem em todas as agências. Milhares de pessoas morrem de fome, de miséria, e ninguém fala sobre isto.

O Pentecostes está diametralmente oposto a Babel, ouvimos no início da audiência (cf. *At* 2, 1-3). Descendo do alto como vento e fogo, o Espírito Santo investe a comunidade fechada no cenáculo, infunde-lhe o poder de Deus, impele-a a sair e a proclamar o Senhor Jesus a todos. O Espírito cria unidade na diversidade, cria harmonia. Na narração da Torre de Babel não havia harmonia; havia aquele ir em frente para ganhar. Ali o homem era um mero instrumento, uma simples "força de trabalho", mas aqui, no Pentecostes, cada um de nós é um instrumento, mas um instrumento comunitário que participa inteiramente na construção da comunidade. São Francisco de Assis conhecia bem isto e, animado pelo Espírito, dava a todas as pessoas, aliás, a todas as criaturas, o nome de irmão ou irmã.[5] Recordemos também o irmão lobo.

No Pentecostes, Deus faz-se presente e inspira a *fé* da comunidade *unida na diversidade e na solidariedade*. Diversidade e solidariedade unidas em harmonia, este é o caminho. Uma diversidade solidária possui os "anticorpos" para que a singularidade de cada um — que é um dom, único e irrepetível — não adoeça de individualismo, de egoísmo. A diversidade solidária também possui os anticorpos para curar estruturas e processos sociais que degeneraram em sistemas de injustiça, em sistemas de opressão.[6] Portanto, hoje a solidariedade é o caminho a percorrer rumo a um mundo pós-pandemia, para a cura das nossas doenças interpessoais e sociais. Não há outro. Ou seguimos o caminho da solidariedade ou a situação vai piorar. Quero repetir: não se

---

[5] Cf. *LS*, 11; cf. São Boaventura, *Legenda maior*, VIII, 6: *FF* 1.145.

[6] Cf. *CDSI*, 192.

sai de uma crise da mesma forma que antes. A pandemia é uma crise. De uma crise só se sai melhores ou piores. Temos que escolher. E a solidariedade é precisamente um caminho para sairmos melhores da crise, não com mudanças superficiais, com uma pincelada, e tudo está bem. Não, melhores!

No meio da crise, uma *solidariedade* guiada pela *fé* permite-nos traduzir o amor de Deus na nossa cultura globalizada, não construindo torres nem muros — e quantos muros estão a ser construídos hoje — que dividem mas depois desmoronam, mas tecendo comunidades e apoiando processos de crescimento verdadeiramente humano e sólido. E nisto ajuda a solidariedade. Faço uma pergunta: penso nas necessidades dos outros? Cada qual responda no seu coração.

No meio de crises e tempestades, o Senhor interpela-nos e convida-nos a despertar e a ativar esta solidariedade capaz de conferir solidez, apoio e um sentido a estas horas em que tudo parece naufragar. A criatividade do Espírito Santo nos encoraje a gerar novas formas de hospitalidade familiar, fraternidade fecunda e solidariedade universal. Obrigado.

Audência geral, 2 de setembro de 2020, Pátio São Dâmaso

1. Qual palavra ou frase mais o impressionou ao ler o texto?

2. Poderia dar alguns bons exemplos de como você ou seu grupo agem de modo solidário, local ou globalmente? Por exemplo, apoiando a Cáritas, a construção de ciclovias ou parques de diversão para crianças?

3. Como você está conectada/o com as pessoas de outras partes do mundo? Por exemplo, você compra frutas provenientes do Caribe, ou roupas feitas em Bangladesh? Como podemos passar de estar conectados a estar solidários? Qual é a diferença?

4. O que significa ser solidário com o resto da criação? A limpeza dos resíduos plásticos é uma coisa boa. Mas podemos fazer algo mais?

5. Como você acha que podemos prosseguir no caminho da solidariedade? Que mudanças isso implicaria? Estamos prontos para abandonar as vantagens de um modo de vida egoísta a fim de ajudar os outros? Conhecemos alguém que já se colocou no caminho da solidariedade e que poderia ser um exemplo para nós?

6. Por que você acha que hoje estão sendo construídos tantos muros? Do que as pessoas têm medo? Como podemos ajudar os outros a superar seus medos e derrubar muros?

7. Lembra-se da história da Torre de Babel? (*Gen* 11, 1-9). O que pode nos ensinar sobre a solidariedade?

Amor e bem comum

Amados irmãos e irmãs, bom dia!

A crise que estamos a viver devido à pandemia atinge todos; podemos sair dela melhores se todos juntos procurarmos o *bem comum*; caso contrário sairemos piores. Infelizmente, estamos a assistir ao surgimento de interesses de parte. Por exemplo, há quem deseje apropriar-se de possíveis soluções, como no caso das vacinas e depois vendê-las aos outros. Algumas pessoas aproveitam-se da situação para fomentar divisões: para procurar vantagens económicas ou políticas, gerando ou aumentando os conflitos. Outros simplesmente não se importam com o sofrimento dos outros, passam adiante e seguem o seu caminho (cf. *Lc* 10, 30-32). São os devotos de Pôncio Pilatos, lavam as mãos.

A resposta cristã à pandemia e às consequentes crises socioeconómicas baseia-se no *amor*, antes de tudo, no amor de Deus que sempre nos precede (cf. *1 Jo* 4, 19). Ele ama-nos primeiro, Ele precede-nos sempre no amor e nas soluções. Ele ama-nos incondicionalmente, e quando aceitamos este amor divino, então podemos responder de forma semelhante. Amo não só aqueles que me amam: a minha família, os meus amigos, o meu grupo, mas também aqueles que não me amam, amo inclusive os que não me conhecem, amo também os que são estrangeiros, e até aqueles que me fazem sofrer ou que considero inimigos (cf. *Mt* 5, 44). Esta é a sabedoria cristã, esta é a atitude de Jesus. E o ponto mais elevado da santidade, digamos assim, é amar os inimigos, e não é fácil. Claro, amar todos, inclusive os inimigos, é difícil — diria que é uma arte! Mas é uma arte que pode ser aprendida e melhorada. O verdadeiro amor, que nos torna fecundos e livres, é sempre expansivo e inclusivo. Este amor cuida, cura e faz bem. Muitas vezes faz melhor uma carícia do que muitas argumentações, uma carícia de perdão e não muitas palavras de defesa. É o amor inclusivo que cura.

Portanto, o *amor* não se limita às relações entre duas ou três pessoas, amigos, ou família, vai além. Inclui as relações cívicas e políticas,[1] incluindo a relação com a natureza.[2] Dado que somos seres sociais e políticos, uma das mais altas expressões de amor é precisamente o amor social e político, que é decisivo para o desenvolvimento humano e para en-

---

[1] Cf. *CIC*, 1907-1912.
[2] *LS*, 231.

frentar qualquer tipo de crise.[3] Sabemos que o amor fecunda famílias e amizades; mas é bom lembrar que também fecunda relações sociais, culturais, económicas e políticas, permitindo--nos construir uma "civilização do amor", como gostava de dizer São Paulo VI[4] e, na esteira, São João Paulo II. Sem esta inspiração, a cultura do egoísmo, da indiferença, do descarte, prevalece, ou seja, descartar aquilo de que eu não gosto, o que eu não posso amar ou aqueles que na minha opinião são inúteis na sociedade. Hoje, à entrada, um casal disse-me: "reze por nós porque temos um filho deficiente". Perguntei: "quantos anos tem? — muitos — e o que fazeis? — nós acompanhamo-lo, ajudamo-lo". Uma vida inteira dos pais para aquele filho deficiente. Isto é amor. E os inimigos, os adversários políticos, segundo a nossa opinião, parecem ser deficientes políticos e sociais, mas parecem. Só Deus sabe se o são ou não. Mas nós devemos amá-los, devemos dialogar, devemos construir esta civilização do amor, esta civilização política, social, da unidade de toda a humanidade. Tudo isto é o oposto de guerras, divisões, invejas, até das

---

[3] *Ibid.*, 231.
[4] *Mensagem para o Décimo Dia Mundial da Paz, 1 de Janeiro de 1977: AAS* 68 [1976], 709.

guerras em família. O amor inclusivo é social, é familiar, é político: o amor permeia tudo!

O coronavírus mostra-nos que o verdadeiro bem para cada um é um bem comum, não só individual e, vice-versa, o bem comum é um verdadeiro bem para a pessoa.[5] Se alguém procura apenas o próprio bem é um egoísta. Ao contrário, a pessoa é mais pessoa quando abre o próprio bem a todos, o partilha. A saúde não é apenas individual, mas também um bem público. Uma sociedade saudável é aquela que cuida da saúde de todos.

Um vírus que não conhece barreiras, fronteiras, distinções culturais nem políticas deve ser enfrentado com um *amor* sem barreiras, fronteiras nem distinções. Este amor pode gerar estruturas sociais que nos encorajam a partilhar em vez de competir, que nos permitem incluir os mais vulneráveis em vez de os descartar, e que nos ajudam a expressar o melhor da nossa natureza humana e não o pior. O verdadeiro amor não conhece a cultura do descarte, não sabe o que isso é. De facto, quando amamos e geramos criatividade, quando geramos confiança e solidariedade, então emergem iniciativas concretas para o bem comum.[6]

---

[5] Cf. *CIC*, 1905-1906.
[6] Cf. *SRS*, 38.

E isto é verdade tanto a nível de pequenas e grandes comunidades como a nível internacional. Aquilo que se faz em família, no bairro, na aldeia, na grande cidade e internacionalmente é o mesmo: é a mesma semente que cresce e dá fruto. Se tu, em família, no bairro, começares com a inveja, com a luta, no final haverá a "guerra". Ao contrário, se começares com o amor, a partilhar o amor, o perdão, então haverá o amor e o perdão para todos.

Pelo contrário, se as soluções para a pandemia tiverem a marca do egoísmo, quer de pessoas, empresas ou nações, talvez consigamos sair do coronavírus, mas certamente não da crise humana e social que o vírus evidenciou e acentuou. Portanto, prestai atenção a não construir sobre a areia (cf. *Mt* 7, 21-27)! Para construir uma sociedade saudável, inclusiva, justa e pacífica, temos que o fazer sobre a rocha do bem comum.[7] O bem comum é uma rocha. E esta é a tarefa de todos nós, e não apenas de alguns especialistas. São Tomás de Aquino disse que a promoção do bem comum é um dever de justiça que recai sobre todos os cidadãos. Cada cidadão é responsável pelo bem comum. E, para os cristãos, é também uma missão. Como ensina Santo Inácio de Loyola, orientar os nos-

---

[7] *Ibid.*, 10.

sos esforços diários para o bem comum é uma forma de receber e difundir a glória de Deus.

Infelizmente, a política muitas vezes não goza de boa reputação, e nós sabemos porquê. Isto não significa que todos os políticos são maus, não, não pretendo dizer isto. Digo apenas que infelizmente a política, com frequência, não goza de boa fama. Contudo, não nos devemos resignar a esta visão negativa, mas reagir demonstrando com factos que uma boa política é possível, aliás, indispensável,[8] aquela que coloca no centro a pessoa humana e o bem comum. Se lerdes a história da humanidade, encontrareis muitos políticos, santo, que percorreram este caminho. É possível na medida em que cada cidadão e, em particular, aqueles que assumem compromissos e encargos sociais e políticos, enraízam as suas ações em princípios éticos e as animam com amor social e político. Os cristãos, especialmente os fiéis leigos, são chamados a dar bom testemunho disto e podem fazê-lo através da virtude da caridade, cultivando a sua intrínseca dimensão social.

Por conseguinte, chegou o momento de incrementar o nosso amor social — desejo frisar isto: o nosso amor social — contribuindo

---

[8] Cf. *Mensagem para o Dia Mundial da Paz, 1 de Janeiro de 2019* (8 de Dezembro de 2018).

todos, a começar pela nossa pequenez. O bem comum requer a participação de todos. Se cada um contribuir com a sua parte, e se ninguém for excluído, podemos regenerar boas relações a nível comunitário, nacional e internacional e também em harmonia com o meio ambiente.[9] Assim, nos nossos gestos, mesmo nos mais humildes, tornar-se-á visível algo da imagem de Deus que temos dentro de nós, porque Deus é Trindade, Deus é Amor. Esta é a definição mais bonita de Deus na Bíblia. É-nos oferecida pelo apóstolo João, que amava tanto Jesus: Deus é amor. Com a sua ajuda, podemos *curar o mundo* trabalhando juntos para o *bem comum*, não só para o próprio bem, mas para o bem comum, de todos.

Audência geral, 9 de setembro de 2020, Pátio São Dâmaso

Reflexões para a Catequese

1. Qual palavra ou frase mais o impressionou ao ler o texto?

2. Qual é a diferença entre buscar juntos o Bem Comum e seguir a vontade da maio-

---

[9] Cf. *LS*, 236.

ria? O que perdemos se pensarmos apenas no ponto de vista da maioria?

3. Por que, como católicos ou simplesmente pessoas de boa vontade, devemos tentar combater o racismo e outras formas de discriminação?

4. Como pode uma sociedade construída sobre o amor ser diferente da sociedade de hoje? Que exemplos de amor cívico e político você recorda? Por exemplo, o fim do apartheid na África do Sul.

5. Por que o Papa Francisco diz que a assistência à saúde não deve ser limitada àqueles que podem pagar por ela? Como a prevenção de doenças é uma questão pública ou comunitária, em vez de apenas um assunto privado?

6. Como podemos usar a tecnologia para o bem comum, em vez de apenas para nosso próprio interesse pessoal?

7. Como poderíamos nos reunir mais como uma comunidade, superar divisões e começar a reconstruir a confiança para começar a construir um mundo melhor para o pós-COVID? Quais seriam seus primeiros passos?

CUIDADO DA CASA COMUM E ATITUDE CONTEMPLATIVA

Amados irmãos e irmãs, bom dia!

Para sair de uma pandemia, é preciso cuidar-se e cuidar uns dos outros. E devemos apoiar aqueles que cuidam dos mais débeis, dos doentes e dos idosos. Há o hábito de deixar os idosos de lado, de os abandonar: isso é mau. Estas pessoas — bem definidas pelo termo espanhol *"cuidadores"*, aqueles que cuidam dos doentes — desempenham um papel essencial na sociedade atual, mesmo que muitas vezes não recebam o reconhecimento nem a remuneração que merecem. Cuidar é uma regra de ouro da nossa condição humana, e traz consigo saúde e esperança.[1] Cuidar dos doentes, dos necessitados, dos abandonados: esta é uma riqueza humana e também cristã.

Devemos de igual modo dirigir este cuidado à nossa casa comum: à terra e a cada criatura. Todas as formas de vida estão interligadas,[2] e a nossa saúde depende da saúde dos ecossistemas que Deus criou e dos quais

---

[1] Cf. *LS*, 70.
[2] Cf. *ibid.*, 137-138.

Ele nos encarregou de cuidar (cf. *Gn* 2, 15). Por outro lado, abusar deles, é um pecado grave que prejudica, que é prejudicial e que nos deixa doentes.[3] O melhor antídoto contra este mau uso da nossa casa comum é a contemplação.[4] Mas porquê? Não há vacina para isto, para o cuidado da casa comum, para não a pôr de lado? Qual é o antídoto contra a doença de não tomar conta da casa comum? É a contemplação. «Quando não se aprende a parar a fim de admirar e apreciar o que é belo, não surpreende que tudo se transforme em objeto de uso e abuso sem escrúpulos».[5] Também no respeitante ao "descartável". No entanto, a nossa casa comum, a criação, não é um mero "recurso". As criaturas têm um valor em si mesmas e «refletem, cada uma à sua maneira, um raio da infinita sabedoria e bondade de Deus».[6] Este valor e este raio de luz divina devem ser descobertos e, para os descobrirmos, precisamos de estar em silêncio, precisamos de ouvir, e precisamos de contemplar. Também a contemplação cura a alma.

---

[3] Cf. *ibid.*, 8; 66.
[4] Cf. *ibid.*, 85; 214.
[5] *Ibid.*, 215.
[6] *CIC*, 339.

Sem contemplação, é fácil cair num antropocentrismo desequilibrado e soberbo, o "Eu" no centro de tudo, que sobredimensiona o nosso papel como seres humanos, posicionando-nos como dominadores absolutos de todas as outras criaturas. Uma interpretação distorcida dos textos bíblicos sobre a criação contribuiu para esta má interpretação, que leva à exploração da terra ao ponto de a sufocar. Exploração da criação: este é o pecado. Julgamos que estamos no centro, pretendendo ocupar o lugar de Deus e assim arruinamos a harmonia da criação, a harmonia do desígnio de Deus. Tornamo-nos predadores, esquecendo a nossa vocação como guardiões da vida. Certamente, podemos e devemos trabalhar a terra para viver e nos desenvolver. Mas trabalho não é sinónimo de exploração, e está sempre acompanhado de cuidado: lavrar e proteger, trabalhar e cuidar... Esta é a nossa missão (cf. *Gn* 2, 15). Não podemos pretender continuar a crescer a nível material, sem cuidarmos da casa comum que nos acolhe. Os nossos irmãos e irmãs mais pobres e a nossa mãe terra gemem pelos danos e injustiças que causámos e reclamam outro rumo. Reclamam de nós uma conversão, uma mudança de rumo: cuidar também da terra, da criação.

É, pois, importante recuperar a dimensão contemplativa, ou seja, olhar para a terra, para criação como um dom, e não como algo a ser explorado para fins lucrativos. Quando contemplamos, descobrimos nos outros e na natureza algo muito maior do que a sua utilidade. Eis o cerne do problema: contemplar é ir além da utilidade de uma coisa. Contemplar a beleza não significa explorá-la: contemplar é gratuidade. Descobrimos o valor intrínseco das coisas que lhes foi dado por Deus. Como muitos mestres espirituais nos ensinaram, o céu, a terra, o mar, cada criatura possui esta capacidade icónica, esta capacidade mística de nos reconduzir ao Criador e à comunhão com a criação. Por exemplo, Santo Inácio de Loyola, no final dos seus Exercícios espirituais, convida-nos a "Contemplar para chegar ao amor", ou seja, a considerar como Deus olha para as suas criaturas e alegrar-se com elas; a descobrir a presença de Deus nas suas criaturas e, com liberdade e graça, amá--las e cuidar delas.

A contemplação, que nos leva a uma atitude de cuidado, não significa olhar para a natureza de fora, como se não estivéssemos imersos nela. Mas estamos dentro da natureza, somos parte da natureza. Pelo contrário, partimos do interior, reconhecendo-nos como parte da criação, tornando-nos protagonistas e não meros espetadores de uma realidade amorfa apenas para ser explorada. Aqueles que contemplam desta forma sentem-se maravilhados não só pelo que veem, mas também porque se sentem parte integrante desta beleza; e inclusive se sentem chamados a preservá-la, a protegê-la. E há uma coisa que não devemos esquecer: quem não sabe contemplar a natureza e a criação, não sabe contemplar as pessoas na sua riqueza. E quem vive para explorar a natureza, acaba por explorar as pessoas e tratá-las como escravas. Esta é uma lei universal: se não se sabe contemplar a natureza, será muito difícil saber contemplar as pessoas, a beleza das pessoas, o irmão, a irmã.

Quem sabe contemplar, mais facilmente se porá em ação para mudar o que produz degradação e danos à saúde. Comprometer-se-á a educar e promover novos hábitos de produção e consumo, a contribuir para um novo modelo de crescimento económico que garanta o respeito pela casa comum e o respeito pelas pessoas. O contemplativo em ação tende a tornar-se o guardião do ambiente: isto é muito bom! Cada um de nós deve ser guardião do ambiente, da pureza do ambiente, procurando conjugar saberes ancestrais de culturas milenares com novos conhecimentos técnicos, de modo a que o nosso estilo de vida seja sempre sustentável.

Por fim, *contemplar e cuidar*: estas são duas atitudes que mostram o caminho para corrigir e reequilibrar a nossa relação como seres humanos com a criação. Muitas vezes, a nossa relação com a criação parece ser uma relação entre inimigos: destruir a criação em meu benefício; explorar a criação em meu proveito. Não esqueçamos que isto se paga caro; não esqueçamos aquele ditado espanhol: "Deus perdoa sempre; nós perdoamos de vez em quando; a natureza nunca perdoa". Hoje estava a ler no jornal sobre aqueles dois grandes glaciares na Antártida, perto do Mar de Amundsen: eles estão prestes a desabar. Será terrível, porque o nível do mar subirá e isto causará muitas, muitas dificuldades e muito mal. E porquê? Por causa do sobreaquecimento, por não se cuidar do ambiente, por não se cuidar da casa comum. Por outro lado, quando tivermos esta relação — deixem-me dizer a palavra — "fraterna" no sentido figurativo com a criação, tornar-nos-emos guardiões da casa comum, guardiões da vida e guardiões da esperança, preservaremos o património que Deus nos confiou para que as gerações futuras o possam desfrutar. E alguns podem dizer: "Mas, eu safo-me desta maneira". Mas o problema não é como te safas hoje — isto foi dito por um teólogo alemão, protestante, competente: Bonhoeffer — o problema não é como te desenrascas hoje; o problema é: qual será a herança, a vida da geração futura? Pensemos nos filhos, nos netos: que lhes deixaremos se explorarmos a criação? Protejamos este caminho para nos tornarmos "guardiões" da casa comum, guardiões da vida e da esperança. Preservemos o património que Deus nos confiou, para que as gerações futuras possam usufruir dele. Penso de modo especial nos povos indígenas, com os quais todos nós temos uma dívida de gratidão — até de penitência, para reparar o mal que lhes fizemos. Mas estou também a pensar nos movimentos, associações, grupos populares, que estão comprometidos a tutelar o próprio território com os seus valores naturais e culturais. Estas realidades sociais nem sempre são apreciadas, por vezes são até impedidas, porque não produzem dinheiro; mas na realidade contribuem para uma revolução pacífica, poderíamos chamar-lhe a "revolução do cuidado". Contemplar para cuidar, contemplar para salvaguardar, preservar a nós, a criação, os nossos filhos, os nossos netos, e tutelar o futuro. Contemplar para cuidar e para preservar e deixar uma herança à futura geração.

Mas não se deve contudo delegar a alguns: aquilo que é tarefa de cada ser humano. Cada um de nós pode e deve tornar-se um "guardião da casa comum", capaz de louvar a Deus pelas suas criaturas, de contemplar as criaturas e de as proteger.

Audência geral, 16 de setembro de 2020, Pátio São Dâmaso

REFLEXÕES PARA A CATEQUESE

1. Qual palavra ou frase mais o impressionou ao ler o texto?

2. Há alguma coisa que você tenha visto ultimamente que o tenha impressionado pela sua beleza? Você teve tempo para parar e contemplar isso? E se você não o fez, o que poderia mudar em seu estilo de vida para ter um olhar mais contemplativo?

3. Tratamos bem outros seres vivos? Há momentos em que os tratamos mal, como se fossem inúteis?

4. Existem exemplos em nosso contexto local onde a Terra é explorada em vez de cuidada? E no contexto mundial?

5. O que você pode fazer como comunidade para proteger nosso meio ambiente? O que

você já está fazendo? Qual poderia ser o passo a mais?

6. Como você vê a relação entre a contemplação e a ação? Você diria que um é mais importante do que o outro?

7. Além de se tornar você mesma/o o "guardião da casa comum", quais são as melhores maneiras de incentivar e convidar outros a se unirem à sua iniciativa?

Subsidiariedade
E VIRTUDE DA ESPERANÇA

Estimados irmãos e irmãs, parece que o tempo não é muito bom, mas digo-vos bom dia de qualquer forma!

Para sairmos melhores de uma crise como a atual, que é uma crise de saúde e ao mesmo tempo uma crise social, política e económica, cada um de nós é chamado a assumir a sua parte de responsabilidade, isto é, partilhar as responsabilidades. Devemos responder não só como indivíduos, mas também a partir do próprio grupo de pertença, do papel que desempenhamos na sociedade, dos nossos princípios e, se formos crentes, da nossa fé em Deus. Contudo, às vezes muitas pessoas não podem participar na reconstrução do bem comum porque são marginalizadas, excluídas ou ignoradas; certos grupos sociais são incapazes de contribuir, porque são económica ou politicamente asfixiados. Nalgumas sociedades, muitas pessoas não são livres de expressar a sua fé, os seus valores e as suas ideias: se as exprimir vão para a prisão. Noutros lugares, especialmente no mundo ocidental, muitas reprimem as próprias convicções éticas ou religiosas. Mas assim não se pode sair da crise, ou contudo, não podemos sair melhores. Sairemos piores.

Para que todos nós possamos participar no cuidado e na regeneração dos nossos povos, é justo que todos disponham dos recursos adequados para o fazer.[1] Após a grande depressão económica de 1929, o Papa Pio XI explicou a importância do *princípio de subsidiariedade* para uma verdadeira reconstrução.[2] Este princípio tem um duplo dinamismo: de cima para baixo e de baixo para cima. Talvez não compreendamos o que isto significa, mas é um princípio social que nos torna mais unidos.

Por um lado, e especialmente em tempos de mudança, quando indivíduos, famílias, pequenas associações ou comunidades locais são incapazes de alcançar os objetivos primários, então é justo que os níveis mais elevados do corpo social, como o Estado, intervenham a fim de oferecer os recursos necessários para prosseguir. Por exemplo, devido ao *lockdown* causado pelo coronavírus, muitas pessoas, famílias e atividades económicas encontraram-se e ainda se encontram em sérias dificuldades, pelo que as instituições públicas

---

[1] Cf. CDSI, 186.

[2] Cf. *Quadragesimo anno*, 79-80.

procuram ajudar com apropriadas intervenções sociais, económicas e sanitárias: esta é a sua função, é o que devem fazer.

Mas por outro lado, os vértices da sociedade devem respeitar e promover níveis intermédios ou menores. Com efeito, é decisiva a contribuição de indivíduos, famílias, associações, empresas, de todos os organismos intermédios e até das Igrejas. Com os próprios recursos culturais, religiosos, económicos ou de participação cívica, eles revitalizam e fortalecem o corpo social.[3] Isto é, existe uma colaboração de cima para baixo, do Estado central a favor do povo, e de baixo para cima: das formações do povo para o alto. É precisamente este o exercício do princípio de subsidiariedade.

Cada um deve ter a possibilidade de assumir a sua responsabilidade nos processos de cura da sociedade da qual faz parte. Quando se ativa algum projeto que, direta ou indiretamente, diz respeito a determinados grupos sociais, estes não podem ser excluídos da participação. Por exemplo: "O que fazes? — Vou trabalhar pelos pobres — Muito bem, o que fazes? — Ensino os pobres, digo aos pobres o que têm de fazer — Não, isso não está bem, o primeiro passo é deixar que os pobres

---

te digam como vivem, do que precisam: devemos deixar que todos falem! É assim que funciona o princípio da subsidiariedade. Não podemos deixar estas pessoas fora da participação; a sua sabedoria, a sabedoria dos grupos mais humildes não pode ser posta de lado.[4] Infelizmente, esta injustiça ocorre muitas vezes onde se concentram grandes interesses económicos ou geopolíticos, tais como certas atividades mineiras em determinadas partes do planeta.[5] As vozes dos povos indígenas, as suas culturas e visões do mundo não são consideradas. Atualmente, esta falta de respeito pelo *princípio da subsidiariedade* propagou-se como um vírus. Pensemos nas grandes medidas de ajuda financeira implementadas pelos Estados. Ouvimos mais as grandes empresas financeiras do que as pessoas, ou aqueles que movem a economia real. Ouvimos mais as empresas multinacionais do que os movimentos sociais. Dizendo-o com a linguagem das pessoas comuns: ouvimos mais os poderosos do que os débeis e o caminho não é este, não é o caminho humano, não é o caminho que Jesus nos ensinou, não é esta a atuação do

------

[4] Cf. Exort. ap. pós-sinodal *Querida Amazonia* [QA], 32; *LS*, 63.
[5] Cf. *QA*, 9.14.

princípio de subsidiariedade. Assim, não permitimos que as pessoas sejam «protagonistas do próprio resgate». No inconsciente coletivo de alguns políticos ou de certos sindicalistas há este lema: tudo para o povo, nada com o povo. De cima para baixo, mas sem ouvir a sabedoria do povo, sem deixar atuar esta sabedoria para resolver problemas, neste caso para sair da crise. Ou pensemos também no modo de curar o vírus: ouvimos mais as grandes empresas farmacêuticas do que os profissionais da saúde, que estão na linha da frente nos hospitais ou nos campos de refugiados. Este não é um bom caminho! Todos devem ser ouvidos, os que estão no alto e quantos estão em baixo, todos.

Para sairmos melhores de uma crise, deve ser implementado o *princípio da subsidiariedade*, respeitando a autonomia e a capacidade de iniciativa de todos, especialmente dos últimos. Todas as partes de um corpo são necessárias e, como diz São Paulo, as partes que podem parecer mais frágeis e menos importantes são na realidade as mais necessárias (cf. *1 Cor* 12, 22). À luz desta imagem, podemos dizer que o princípio da subsidiariedade permite a cada um assumir o seu próprio papel no cuidado e destino da sociedade. A sua implementação, a sua atuação, a atuação do princípio de subsidiariedade dá *esperança, dá esperança* num futuro mais saudável e justo; e construímos este futuro juntos, aspirando a realidades maiores, alargando os nossos horizontes. Ou juntos, ou não funciona. Ou trabalhamos em conjunto para sair da crise, a todos os níveis da sociedade, ou nunca o faremos. Sair da crise não significa dar uma pincelada nas situações atuais para as fazer parecer um pouco mais justas. Sair da crise significa mudar, e a mudança real é feita por todos, por todas as pessoas que formam o povo. Por todas as profissões, todos. E todos juntos, todos em comunidade. Se não o fizerem todos, o resultado será negativo!

Numa catequese anterior[6] vimos que a *solidariedade* é a saída para a crise: ela une-nos e permite-nos encontrar propostas sólidas para um mundo mais saudável. Mas este caminho de solidariedade precisa da *subsidiariedade*. Alguém poderia dizer-me: "Mas padre, hoje o senhor fala com palavras difíceis!". É porque procuro explicar o que isto significa. Solidários, pois percorremos o caminho da subsidiariedade. Com efeito, não há verdadeira solidariedade sem participação social,

---

[6] Papa Francisco, *Audiência Geral*, Pátio São Dâmaso, Quarta-feira, 2 de setembro de 2020.

sem a contribuição dos organismos intermédios: famílias, associações, cooperativas, pequenas empresas, expressões da sociedade civil. Todos devem contribuir, todos! Tal participação ajuda a prevenir e a corrigir certos aspetos negativos da globalização e da ação dos Estados, assim como acontece no cuidado das pessoas atingidas pela pandemia. Estas contribuições "a partir de baixo" devem ser encorajadas. Mas como é bom ver o trabalho dos voluntários na crise! Voluntários que vêm de todas as camadas sociais, voluntários que vêm das famílias mais ricas e das famílias mais pobres. Mas todos, todos juntos para sair. Isto é solidariedade e este é o principio de subsidiariedade.

Durante o *lockdown*, o gesto de aplaudir médicos, enfermeiros e enfermeiras nasceu espontaneamente como sinal de encorajamento e esperança. Muitos arriscaram a vida e tantos deram a vida. Estendamos este aplauso a todos os membros do corpo social, a todos, a cada um, pela sua valiosa contribuição, por menor que seja. "Mas, o que poderia fazer aquele dali? — ouve-o, dá-lhe espaço para trabalhar, consulta-o". Aplaudamos os "descartados", aqueles que esta cultura qualifica como "descartados", esta cultura do descarte, isto é, aplaudamos os idosos, as crianças, as pessoas com deficiência, aplaudamos os trabalhadores, todos aqueles que se põem ao serviço. Todos colaboram para sair da crise. Mas não nos limitemos apenas aos aplausos! A *esperança* é audaz, por isso encorajemo-nos uns aos outros a sonhar alto. Irmãos e irmãs, aprendamos a sonhar alto! Não tenhamos medo de sonhar alto, procurando os ideais de justiça e amor social que nascem da esperança. Não procuremos reconstruir o passado, o passado é passado, esperam-nos realidades novas. O Senhor prometeu: "Renovarei todas as coisas". Encorajemo-nos uns aos outros a sonhar alto, buscando estes ideais, não procuremos reconstruir o passado, especialmente o que era iníquo e já doente, e que já mencionei como injustiças. Construamos um futuro onde a dimensão local e global se enriqueçam mutuamente — cada um pode dar a sua contribuição, cada um deve dar a sua parte, a sua cultura, a sua filosofia, o seu modo de pensar — onde a beleza e a riqueza dos grupos menores, inclusive dos grupos descartados, possam florescer, pois também nisto há beleza, e onde aqueles que têm mais se comprometam a servir e a dar mais a quem tem menos.

Audência geral, 23 de setembro de 2020, Pátio São Dâmaso

1. Qual palavra ou frase mais o impressionou ao ler o texto?

2. Você conhece o princípio de "subsidiariedade"? O Papa explica o exercício deste princípio como "uma colaboração de cima para baixo, do estado central para o povo; e de baixo para cima: das formações do povo para cima". Você lembra de um caso em que o Estado ajudou uma comunidade em estado de emergência em seu país? Pode citar algumas instituições nascidas da iniciativa privada que ajudam as pessoas ou contribuem para o bem comum onde o Estado não chega?

3. O que seu governo fez para ajudar as pessoas em dificuldades durante o isolamento? Considera que isso foi suficiente? Demais? O que poderia ter sido feito de diferente?

4. Quais são os grupos marginalizados, excluídos ou ignorados em sua sociedade? Quem está excluído da tomada de decisões nos níveis mais altos? Minorias étnicas? Mulheres? Migrantes e refugiados? Trabalhadores mal remunerados e desempregados? Como podemos garantir que as vozes de todos sejam ouvidas quando são tomadas grandes decisões?

5. O que você, sua família e sua comunidade fizeram para ajudar os outros durante a pandemia? Quais atividades foram as mais úteis? O que você acha que impede que as pessoas se envolvam na comunidade local?

6. O Papa Francisco indica que as grandes empresas são ouvidas muito mais do que outros trabalhadores e movimentos sociais. Existem outros exemplos desta situação em seu país? Lembra de algum exemplo em que os que estão na "linha de frente" em hospitais, casas de repouso e campos de refugiados tenham conseguido fazer ouvir suas vozes? Como eles fizeram isso? O que podemos aprender com eles?

7. Que injustiças já eram evidentes antes da COVID? O que você gostaria de recuperar do mundo de antes, e o que você gostaria de mudar?

PREPARAR O FUTURO
COM JESUS QUE SALVA E CURA

Amados irmãos e irmãs, bom dia!

Nas últimas semanas, refletimos juntos, à luz do Evangelho, sobre como curar o mundo que sofre de um mal-estar que a pandemia realçou e acentuou. Já havia o mal-estar: a pandemia realçou-o mais, acentuou-o. Percorremos os caminhos da *dignidade*, da *solidariedade* e da *subsidiariedade*, caminhos indispensáveis para promover a dignidade humana e o *bem comum*. E, como discípulos de Jesus, começamos a seguir os seus passos, *optando pelos pobres, reconsiderando o uso dos bens e cuidando da casa comum*. No meio da pandemia que nos aflige, ancorámo-nos nos princípios da *doutrina social da Igreja*, deixando-nos guiar *pela fé, pela esperança e pela caridade*. Aqui encontramos uma ajuda sólida para sermos agentes de transformação que fazem sonhos grandiosos, que não se detêm nas mesquinharias que dividem e magoam, mas encorajam a gerar um mundo novo e melhor.

Gostaria que este percurso não termine com estas minhas catequeses, mas que possamos continuar a caminhar juntos, «mantendo os olhos fixos em Jesus» (*Hb* 12, 2), como ouvimos no início; o nosso olhar em Jesus que salva e cura o mundo. Como o Evangelho nos mostra, Jesus curou os doentes de todos os tipos (cf. *Mt* 9, 35), restituiu a vista aos cegos, a palavra aos mudos e audição aos surdos. E quando curava doenças e enfermidades físicas, também curava o espírito perdoando pecados, porque Jesus perdoa sempre, bem como as «dores sociais» incluindo os marginalizados.[1] Jesus, que renova e reconcilia cada criatura (cf. 2 *Cor* 5, 17; *Cl* 1, 19-20), concede-nos os dons necessários para amar e curar como ele sabia fazer (cf. *Lc* 10, 1-9; *Jo* 15, 9-17), para cuidar de todos sem distinção de raça, língua ou nação.

Para que isto aconteça realmente, precisamos de contemplar e apreciar a beleza de cada ser humano e de cada criatura. Fomos concebidos no coração de Deus (cf. *Ef* 1, 3-5). «Cada um de nós é o fruto de um pensamento de Deus. Cada um de nós é querido, cada um de nós é amado, cada um é necessário».[2] Além disso, cada criatura tem algo a dizer-nos so-

---

[1] *CIC*, n. 1421.

[2] BENTO XVI, *Homilia para o Início do Ministério Petrino* (24 de abril de 2005); cf *LS*, 65.

bre Deus Criador.[3] Reconhecer esta verdade e dar graças pelos vínculos íntimos da nossa comunhão universal com todas as pessoas e todas as criaturas ativa «um cuidado generoso e cheio de ternura».[4] Ajuda-nos também a reconhecer Cristo presente nos nossos irmãos e irmãs pobres e sofredores, a encontrá-los e a ouvir o seu clamor e o clamor da terra que lhes faz eco.[5]

Mobilizados interiormente por estes clamores que reclamam de nós outra linha de ação,[6] reclamam uma mudança, poderemos contribuir para a cura das relações com os nossos dons e capacidades.[7] Poderemos regenerar a sociedade e não voltar à chamada "normalidade", que é uma normalidade doentia, aliás, estava doente já antes da pandemia: a pandemia realçou-a! "Agora voltemos à normalidade": não, assim não pode ser, porque esta normalidade estava doente de injustiças, desigualdades e degradação ambiental. A normalidade a que somos chamados é a do Reino de Deus, onde «os cegos veem e os

---

[3] Cf. *LS*, 69.239.
[4] *Ibid.*, 220.
[5] Cf. *ibid.*, 49.
[6] Cf. *ibid.*, 53.
[7] Cf. *ibid.*, 19.

coxos andam, os leprosos ficam limpos e os surdos ouvem, os mortos ressuscitam e a Boa Nova é anunciada aos pobres» (*Mt* 11, 5). E ninguém faz de contas olhando para o outro lado. É isto que temos de fazer para mudar. Na normalidade do Reino de Deus o pão chega a todos e sobra, a organização social baseia-se em contribuir, partilhar e distribuir, não em possuir, excluir e acumular (cf. *Mt* 14, 13-21). O gesto que faz progredir uma sociedade, uma família, um bairro, uma cidade, todos, é doar-se, dar, que não é dar esmola, mas uma dádiva que vem do coração. Um gesto que afasta o egoísmo e a ansiedade de possuir. Mas o modo cristão de o fazer não é um modo mecânico: é um modo humano. Nunca conseguiremos sair da crise que emergiu da pandemia, mecanicamente, com novos instrumentos — que são muito importantes, que nos fazem ir em frente e dos quais não devemos ter medo — mas sabendo que os meios mais sofisticados poderão fazer muitas coisas, mas uma coisa eles nunca poderão fazer: a ternura. E a ternura é o próprio sinal da presença de Jesus. Aproximar-se do outro para caminhar, para curar, para ajudar, para se sacrificar pelo outro.

Assim, a normalidade do Reino de Deus é importante: que o pão chegue a todos, a organização social se baseie em contribuir, partilhar e distribuir, com ternura, e não em possuir, excluir e acumular. Pois no final da existência nada levaremos para a outra vida!

Um pequeno *vírus* continua a causar feridas profundas e a expor as nossas vulnerabilidades físicas, sociais e espirituais. Pôs a nu a grande desigualdade que reina no mundo: desigualdade de oportunidades, de bens, de acesso aos cuidados médicos, à tecnologia, à educação: milhões de crianças não podem ir à escola, e assim por diante. Estas injustiças não são naturais nem inevitáveis. São obra do homem, vêm de um modelo de crescimento separado dos valores mais profundos. O desperdício das sobras de refeições: com esse desperdício podemos dar de comer a toda a gente. E isto fez com que muitas pessoas perdessem a esperança e aumentou a incerteza e a angústia. É por isso que, para sair da pandemia, temos de encontrar a cura não só para o *coronavírus* — que é importante! — mas também para os grandes *vírus* humanos e socioeconómicos. Não devemos escondê-los, dando uma pincelada para que não possam ser vistos. E certamente não podemos esperar que o modelo económico subjacente ao desenvolvimento injusto e insustentável resolva os nossos problemas. Não o fez nem o fará, pois não o pode fazer, apesar de alguns falsos profetas continuarem a prometer "o efeito dominó" que nunca chega.[8] Ouvistes o teorema do copo: o importante é que o copo se encha e assim depois cai sobre os pobres e sobre os demais, e recebem riquezas. Mas há um fenómeno: o copo começa a encher-se e quando está quase cheio, cresce, cresce e cresce mas nunca acontece o efeito dominó. Deve-se ter cuidado.

Precisamos de trabalhar urgentemente para gerar boas políticas, para conceber sistemas de organização social que recompensem a participação, o cuidado e a generosidade, e não a indiferença, a exploração e os interesses particulares. Devemos ir em frente com ternura. Uma sociedade solidária e equitativa é uma sociedade mais saudável. Uma sociedade participativa — onde os "últimos" são considerados os "primeiros" — fortalece a comunhão. Uma sociedade onde a diversidade é respeitada é muito mais resistente a qualquer tipo de vírus.

Coloquemos este caminho de cura sob a proteção da Virgem Maria, Nossa Senhora da Saúde. Ela, que carregou Jesus no seu ventre,

---

[8] *"Trickle-down effect"* em inglês, *"derrame"* em espanhol (cf. *EG*, 54).

nos ajude a ter confiança. Animados pelo Espírito Santo, poderemos trabalhar juntos para o Reino de Deus que Cristo inaugurou, vindo até nós, neste mundo. É um Reino de luz no meio da escuridão, de justiça no meio de tantos ultrajes, de alegria no meio de tanta dor, de cura e salvação no meio da doença e da morte, de ternura no meio do ódio. Que Deus nos conceda "viralizar" o *amor* e globalizar *a esperança* à luz da *fé*.

Audência geral, 30 de setembro de 2020, Pátio São Dâmaso

REFLEXÕES PARA A CATEQUESE

1. Qual palavra ou frase mais o impressionou ao ler o texto?

2. Que texto das Escrituras acende sua paixão por curar o mundo? Que parábola, ou outra história evangélica, incendeia seu coração?

3. O que poderia significar em sua vida "optar pelos pobres, repensar o uso dos bens e cuidar da criação"? Quais serão seus primeiros passos concretos ao reiniciar a seguir os passos de Jesus?

4. Como você se sente quando lê que é "procurado, amado e necessário"? O que você poderia fazer para garantir que to-

dos saibam que são procurados, amados e necessários?

5. Fala-se tanto de uma "nova normalidade". Há sinais de que esta nova normalidade possa ser mais justa, inclusiva e sustentável?

6. O Papa Francisco sugere que os antigos modelos e sistemas econômicos não trouxeram aos pobres e vulneráveis o que mais precisam, nem protegeram a bela criação de Deus. Consegue imaginar um novo sistema econômico? O que seria necessário para você, para as pessoas de sua comunidade e para nosso maravilhoso e precioso mundo?

7. No final desta catequese, pedimos a proteção de Nossa Senhora. Qual é sua oração pelo mundo de hoje?

Índice